Carola Hamann

ERSTE HILFE DEUTSCH

Schreibübungen

Hueber Verlag

3. 2. 1.   Die letzten Ziffern
2020 19 18 17 16   bezeichnen Zahl und Jahr des Druckes.
Alle Drucke dieser Auflage können, da unverändert,
nebeneinander benutzt werden.
1. Auflage
© 2016 Hueber Verlag GmbH & Co. KG, München, Deutschland
Umschlaggestaltung: Sieveking · Agentur für Kommunikation, München
Layout und Satz: Sieveking · Agentur für Kommunikation, München
Zeichnungen: Hueber Verlag/Gisela Specht
Verlagsredaktion: Lena Bengel, Hueber Verlag, München
Druck und Bindung: Passavia Druckservice GmbH & Co. KG, Passau
Printed in Germany
ISBN 978–3–19–361003–4

Art. 530_23378_001_01

INHALTSVERZEICHNIS

Aa · Bb · Cc

1 Schreiben Sie die Buchstaben nach.

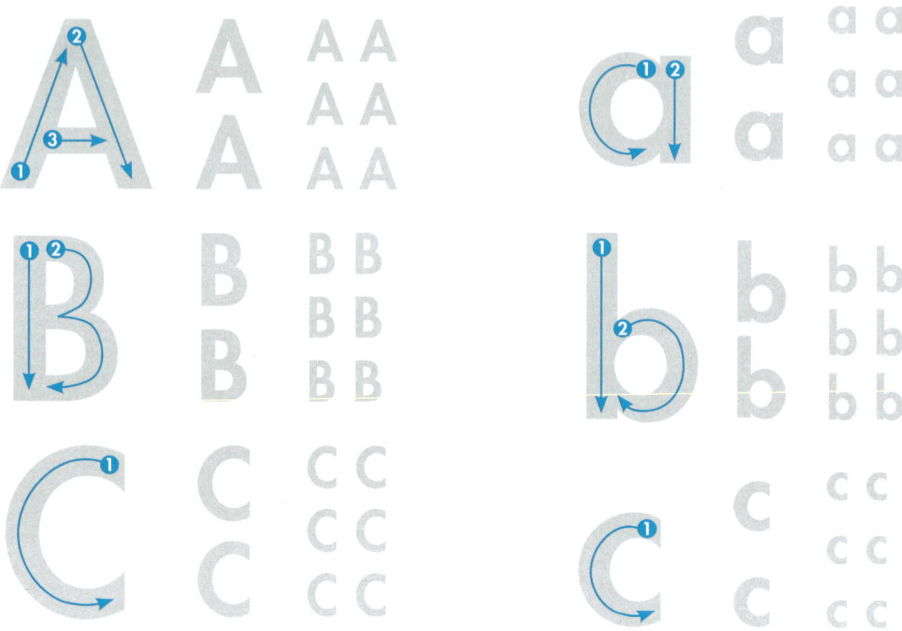

2 Schreiben Sie die Buchstaben.

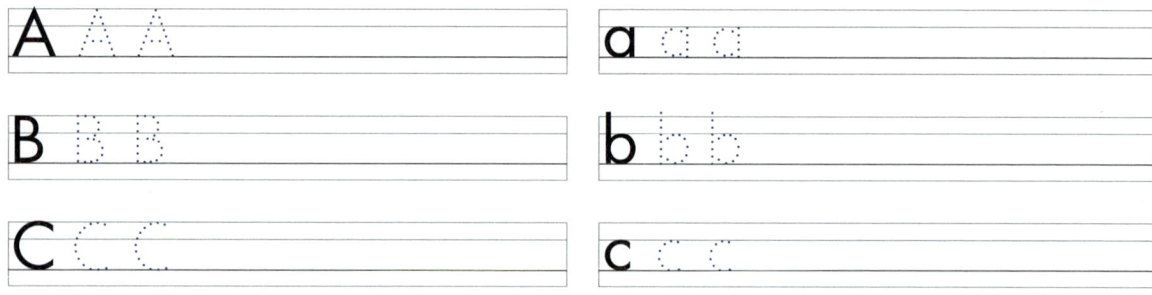

3 Verbinden Sie: A–a, B–b, C–c.

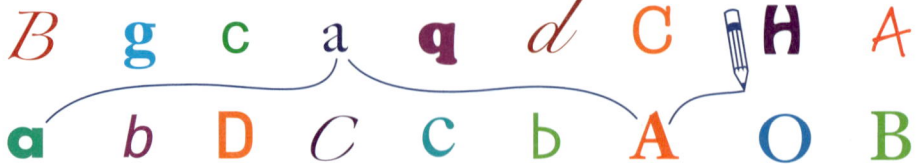

4 Markieren Sie A/a, B/b, C/c.

Berlin   Libyen   Computer   Ananas   Nico Cramer   Bahnhof

1 Schreiben Sie die Buchstaben nach.

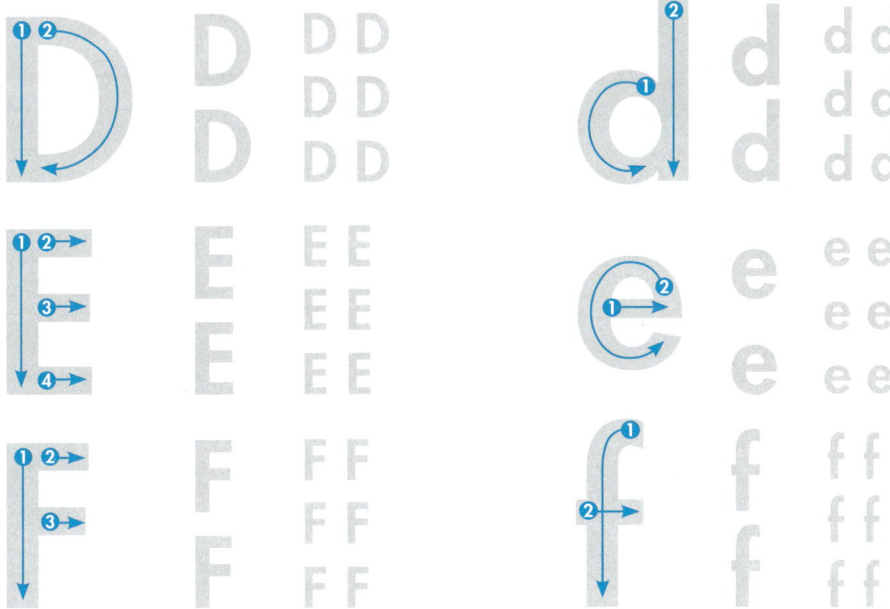

2 Schreiben Sie die Buchstaben.

D D D	d d d
E E E	e e e
F F F	f f f

3 Verbinden Sie: D–d, E–e, F–f.

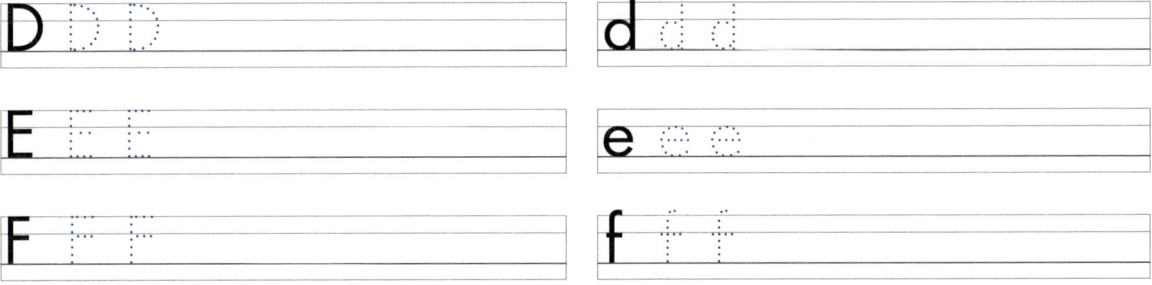

4 Markieren Sie D/d, E/e, F/f.

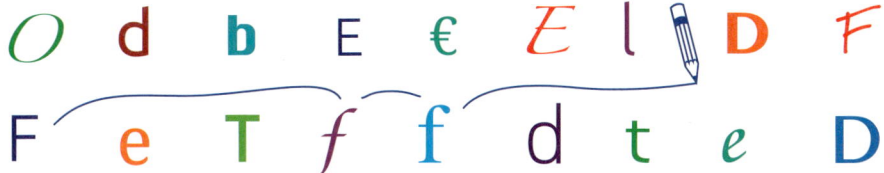

Supermarkt   Frisör   Schwimmbad   Kirche

Gg · Hh · Ii

1   Schreiben Sie die Buchstaben nach.

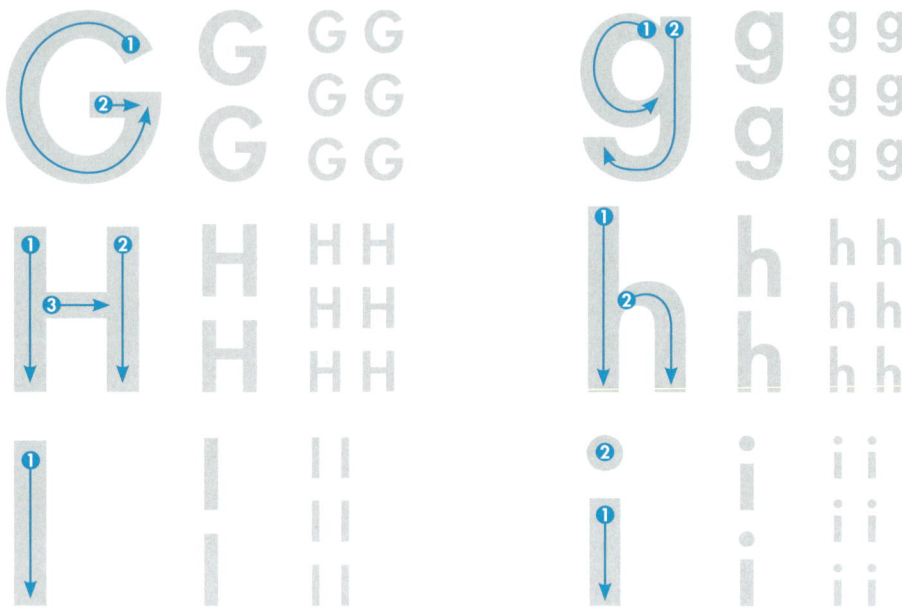

2   Schreiben Sie die Buchstaben.

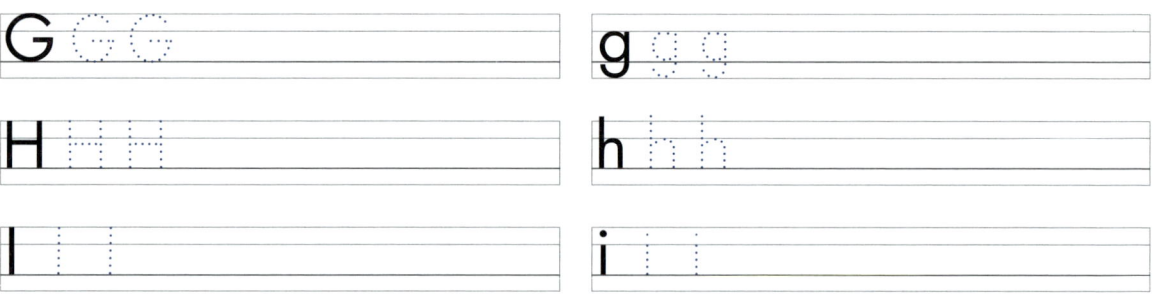

3   Verbinden Sie: G–g, H–h, I–i.

D   G   A   I   i   f   g   d   H   C   L

B   h   t   g   H   C   I   G   L   h   i

4   Markieren Sie G/g, H/h, I/i.

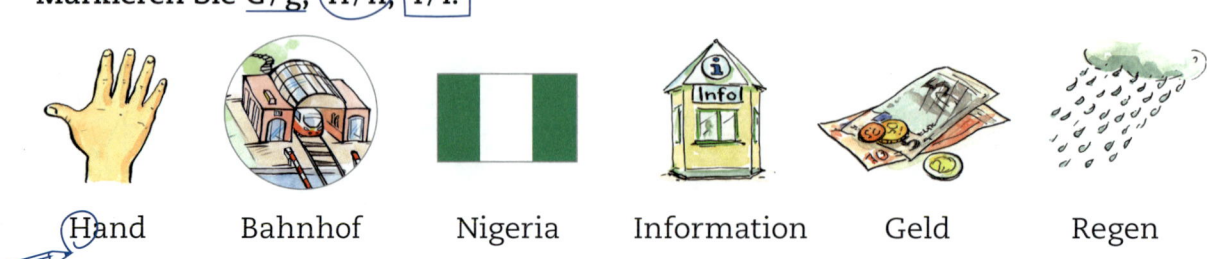

Hand   Bahnhof   Nigeria   Information   Geld   Regen

1 Schreiben Sie die Buchstaben nach.

2 Schreiben Sie die Buchstaben.

J J

j j

K K

k k

L L

l l

3 Verbinden Sie: J–j, K–k, L–l.

J   i   t   **K**   l   f   J   **h**   l   K

y   j   б   T   k   j   L   k   F   L

4 Markieren Sie J/j, K/k, L/l.

Jeans   Kellner   Salat   Lehrerin   Jacke   joggen

Mm · Nn · Oo

1 Schreiben Sie die Buchstaben nach.

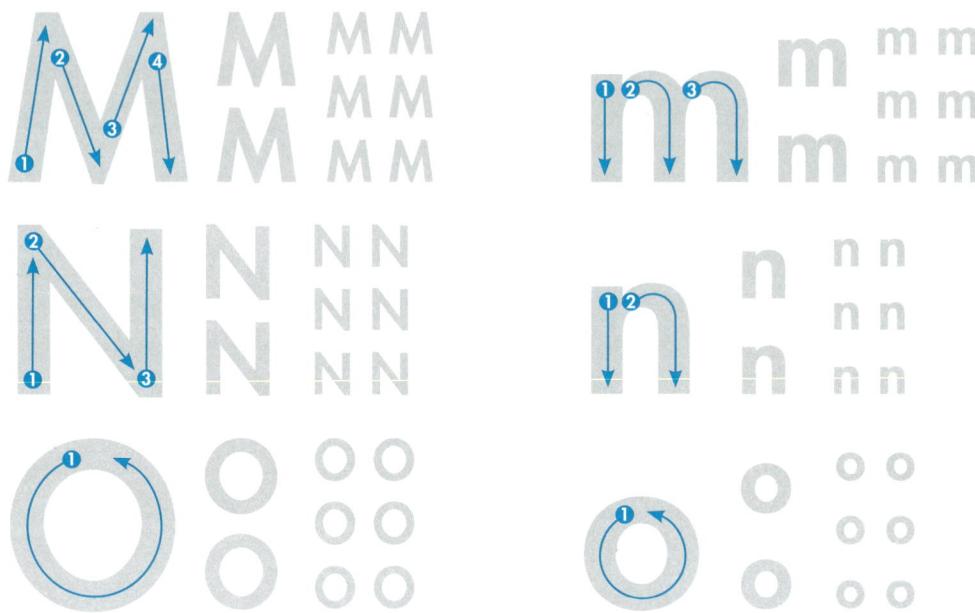

2 Schreiben Sie die Buchstaben.

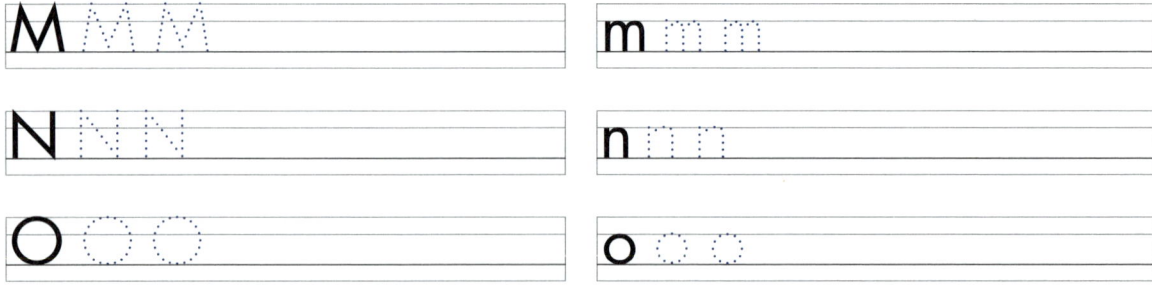

3 Verbinden Sie: M–m, N–n, O–o.

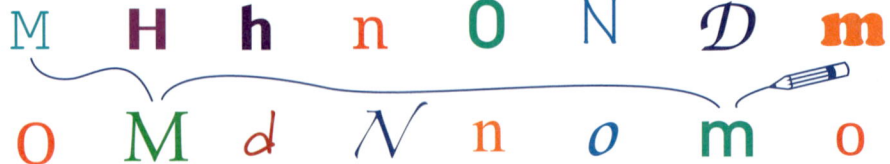

4 Markieren Sie M/m, N/n, O/o.

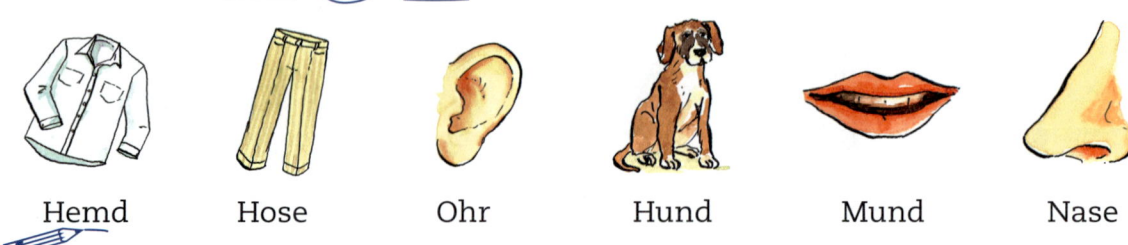

Hemd   Hose   Ohr   Hund   Mund   Nase

1 Schreiben Sie die Buchstaben nach.

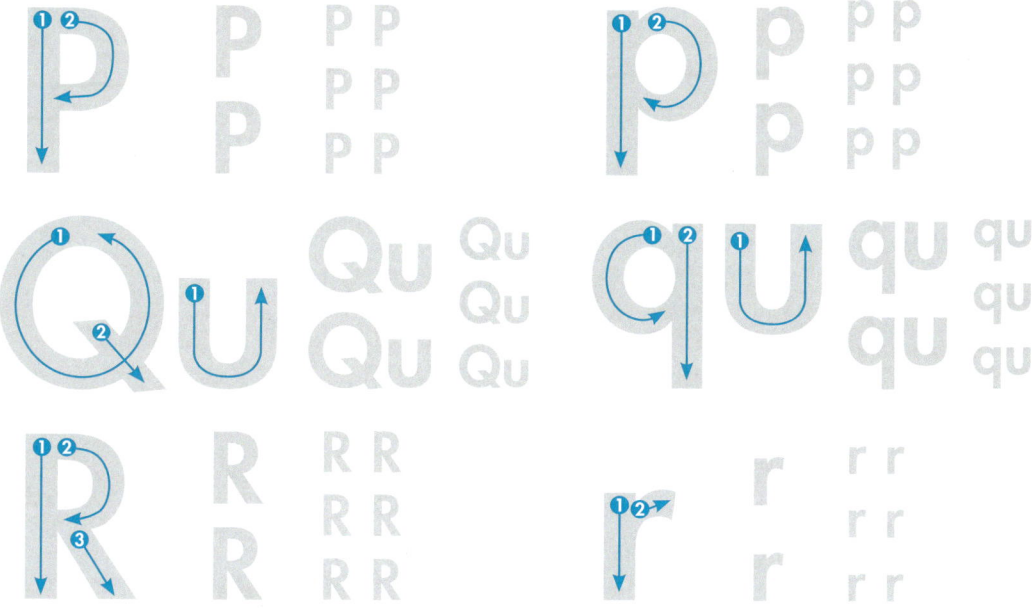

2 Schreiben Sie die Buchstaben.

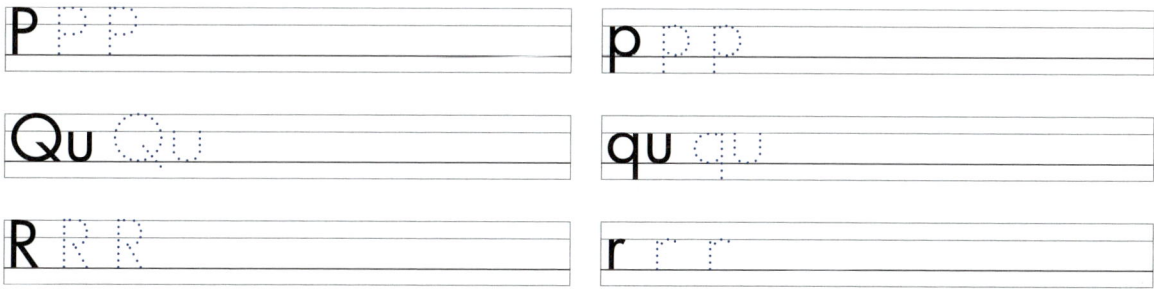

3 Verbinden Sie: P–p, Q–q, R–r.

4 Markieren Sie P/p, Qu/qu, R/r.

Regen

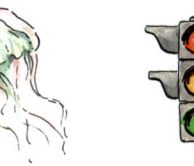

Paprika

Qualle

Ampel

Supermarkt

Pullover

Ss · Tt · Uu

1 Schreiben Sie die Buchstaben nach.

2 Schreiben Sie die Buchstaben.

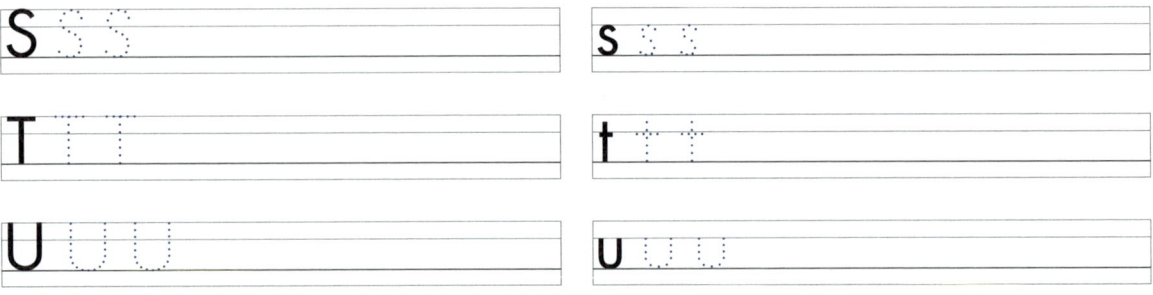

3 Verbinden Sie: S–s, T–t, U–u.

4 Markieren Sie S/s, T/t, U/u.

Post   Bibliothek   Restaurant   Rathaus

1 Schreiben Sie die Buchstaben nach.

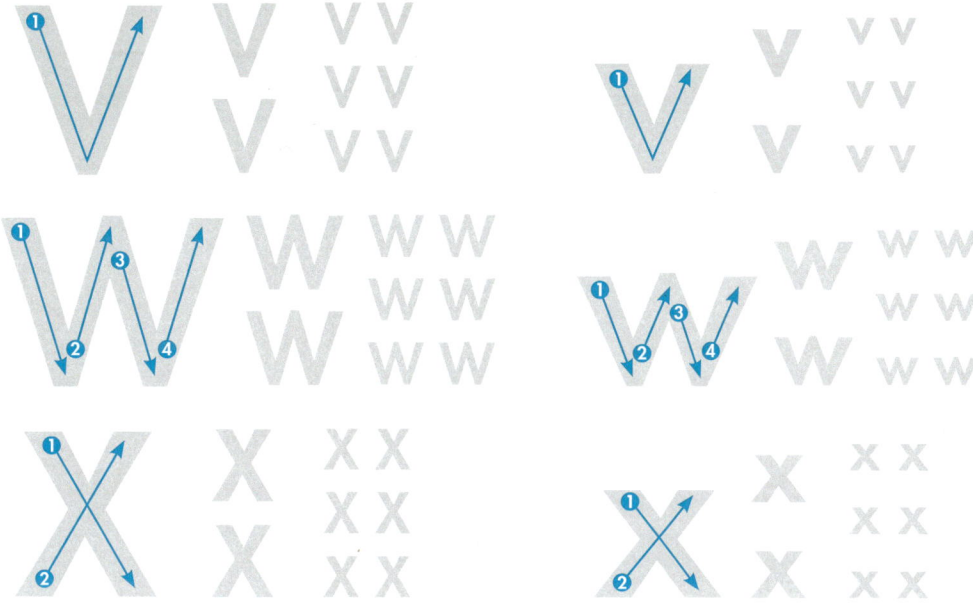

2 Schreiben Sie die Buchstaben.

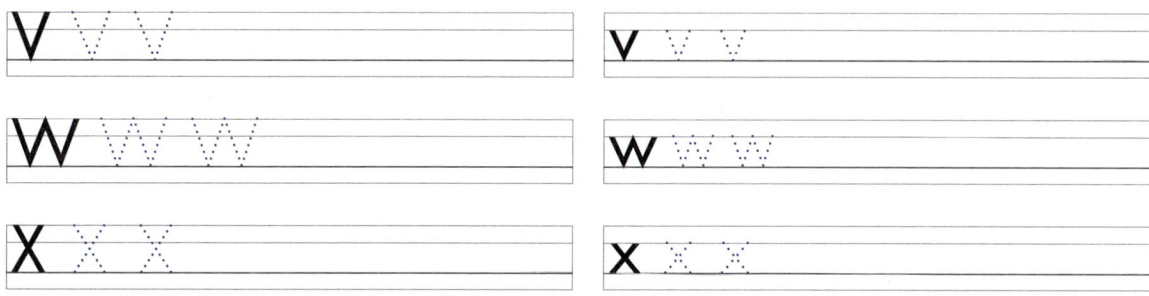

3 Verbinden Sie: V–v, W–w, X–x.

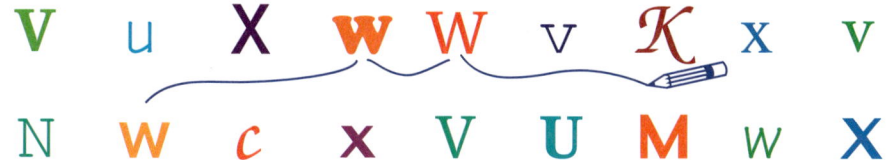

4 Markieren Sie V/v, W/w, X/x.

Pullover   schwarz   Wurst   Wasser   Klavier   Taxi

Yy · Zz

1   Schreiben Sie die Buchstaben nach.

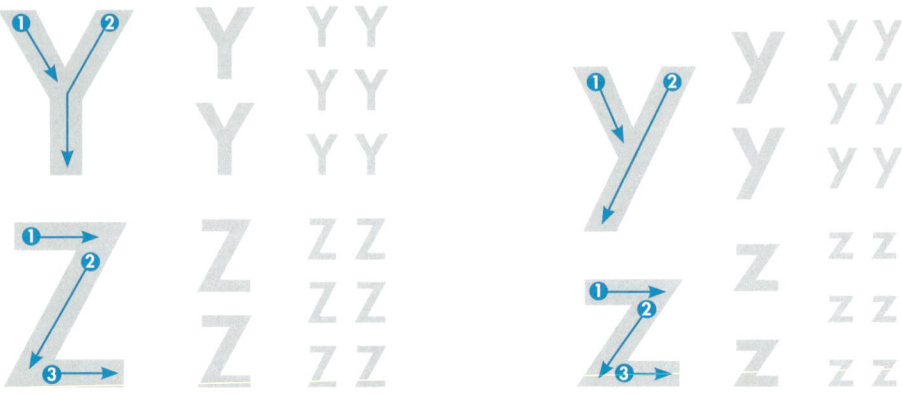

2   Schreiben Sie die Buchstaben.

Y Y Y

y y y

Z Z Z

z z z

3   Verbinden Sie: Y–y, Z–z.

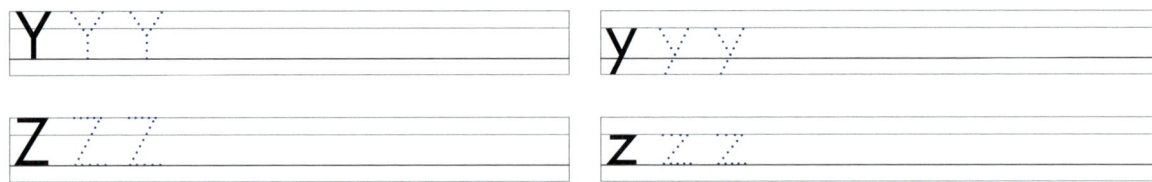

4   Markieren Sie Y/y, Z/z

Yoga   Zahn   Handy   Schweiz   Zitrone

Zug   Schlafzimmer   Syrien   Salz   Libyen

1 Schreiben Sie die Buchstaben nach.

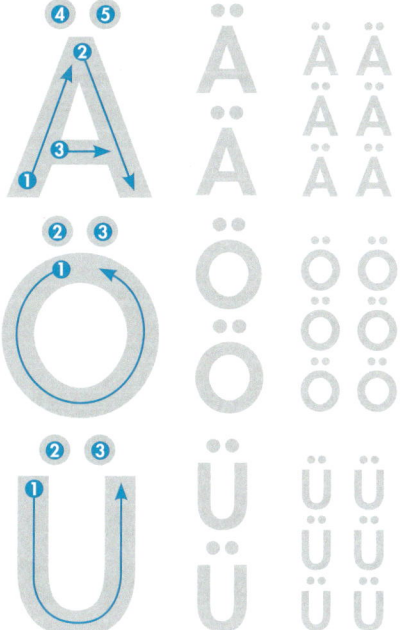
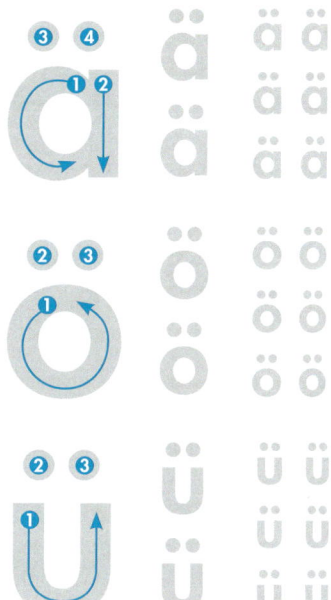

2 Schreiben Sie die Buchstaben.

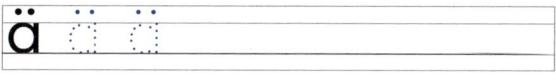

Ä Ä Ä ä ä ä

Ö Ö Ö ö ö ö

Ü Ü Ü ü ü ü

3 Verbinden Sie: Ä–ä, Ö–ö, Ü–ü.

Ä A O Ü ö q G ü Ö

ü Ä ä g U Ö ö ä Ü

4 Markieren Sie Ä/ä, Ö/ö, Ü/ü.

Äpfel   Brötchen   Küche   Gemüse   Mädchen   Österreich

Ei ei · Eu eu · ie

1 Schreiben Sie die Buchstaben nach.

2 Schreiben Sie die Buchstaben.

Ei

ei

Eu

eu

ie

3 Markieren Sie Ei/ei.

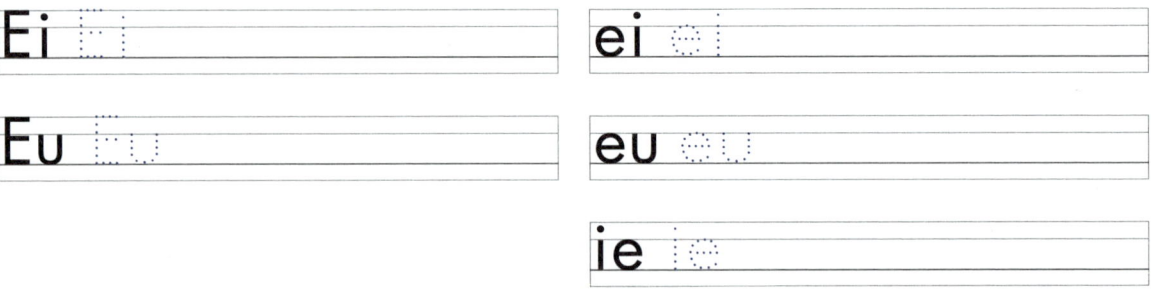

4 Markieren Sie ie.

5 Verbinden Sie.

Eis   Brief   Bein   Schweiz   Euro   Spielplatz   Deutschland

Ei/ei   ie   Eu/eu

1 Schreiben Sie die Buchstaben nach.

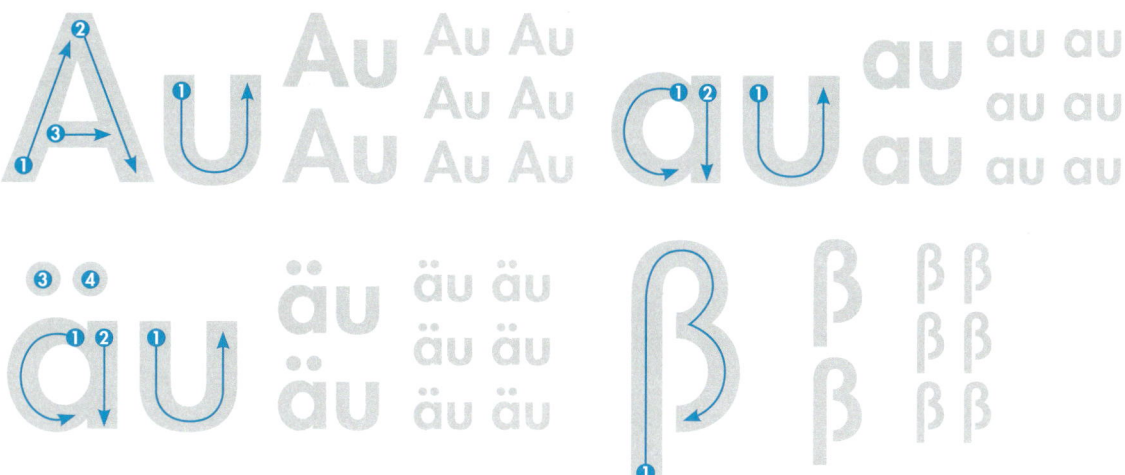

2 Schreiben Sie die Buchstaben.

Au Au

au au

äu äu

ß ß ß

3 Markieren Sie Au/au, äu.

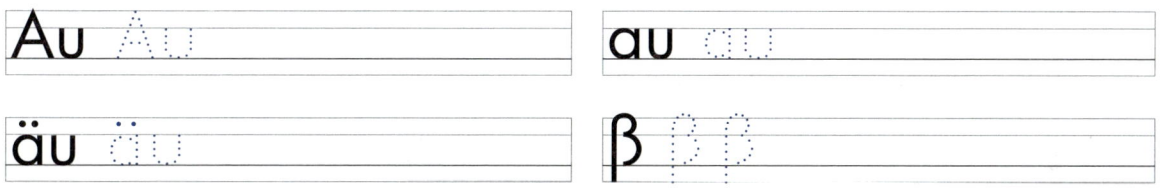

av qu **äu** na eu äu nä ua Au

Av ou Au är qu Än mä **au** ar

4 Markieren Sie ß.

fi ß uß ub ße ßt aß ßi of oß Bu

5 Verbinden Sie.

Auto   Haus   Bäume   Frau   Fuß   Räume   Straße

Au/au   äu   ß

Ch ch · ck · Pf pf

1 Schreiben Sie die Buchstaben nach.

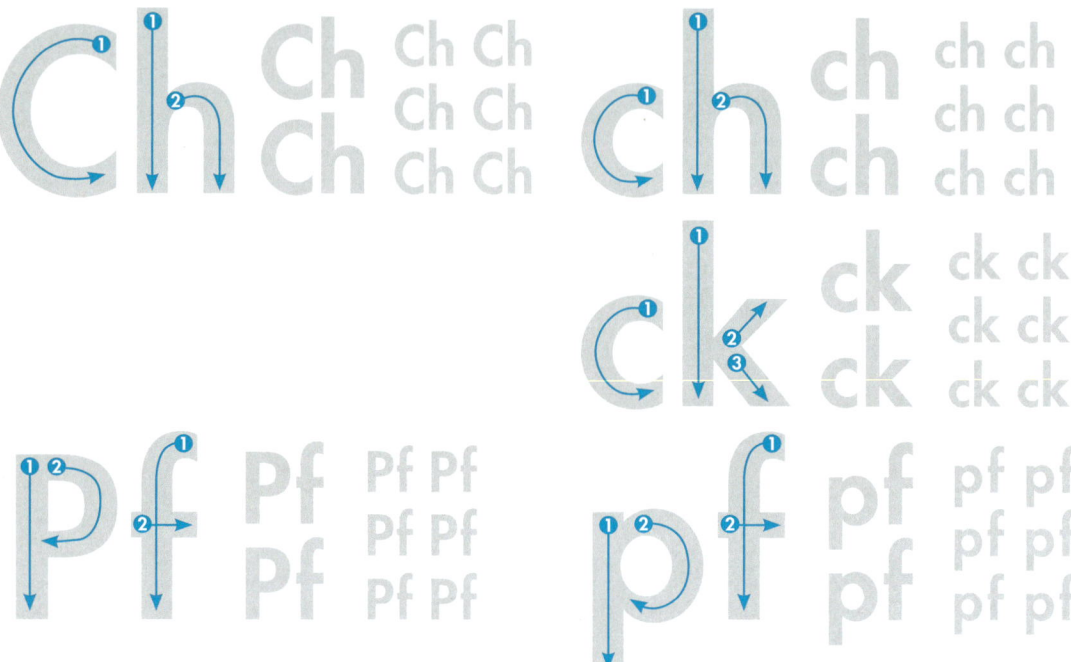

2 Schreiben Sie die Buchstaben.

Ch _____   ch _____

                       ck _____

Pf _____   pf _____

3 Markieren Sie Ch / ch, ck.

dh   ck   Ok   eh   Ch   ek   ch   ck   uk   ch   Ch   of

4 Markieren Sie Pf / pf.

Ef   pf   pl   af   Pr   dj   pf   fp   Yp   pi   Pf   bi   Pf

5 Verbinden Sie.

Buch   Milch   Rock   Jacke   Apfel   Kuchen   Pflaume

Ch / ch   ck   Pf / pf

1 Schreiben Sie die Buchstaben nach.

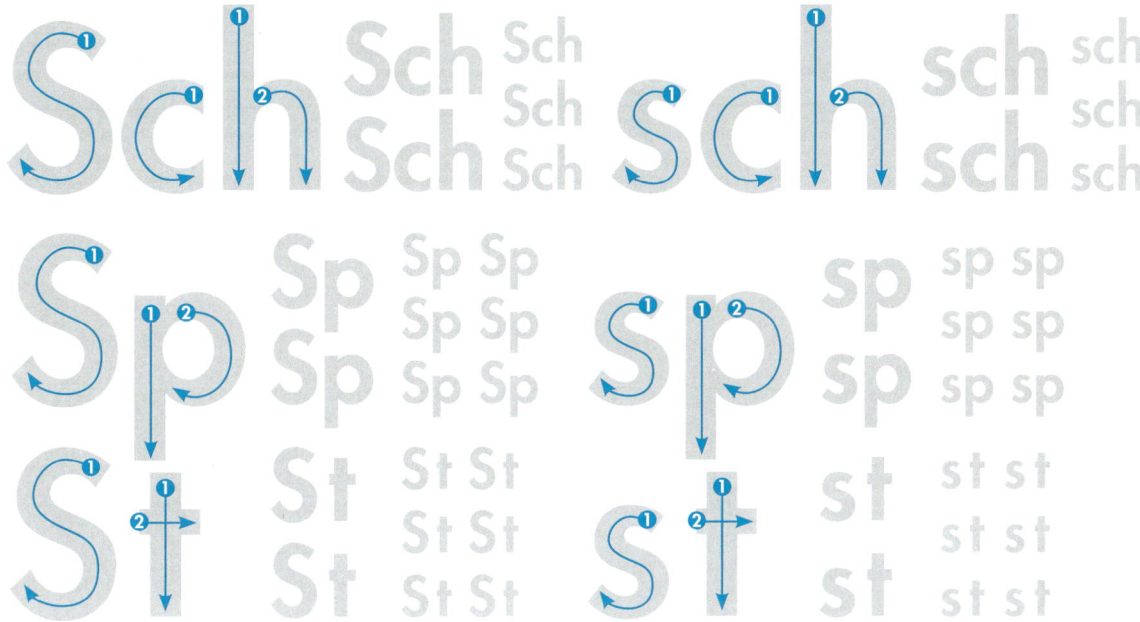

2 Schreiben Sie die Buchstaben.

Sch Sch _____   sch sch _____

Sp Sp _____   sp sp _____

St St _____   st st _____

3 Markieren Sie Sch / sch, (Sp / sp), St / st.

Straße   Tisch   spazieren gehen   Sport   Schuhe   aufstehen

4 Schreiben Sie.

Schu   Scha   Schi   sche   usch   isch   asch

<u>Schu</u> _____

Spa   Spo   spie   spä   Stu   Str   ste   sta   ist

_____   _____

1 Schreiben Sie die Zahlen nach.

0

1
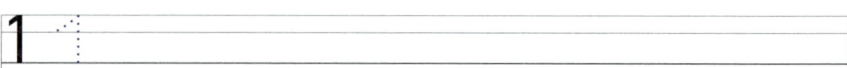

2
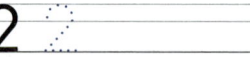

3
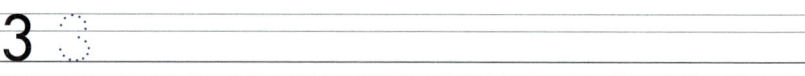

 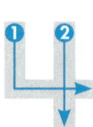
4

2 Markieren Sie die Zahlen.

0 G 1 f Z 2 S B 3 ß Q
A 4 0 Y 1 J I 2 E 3 4

3 Ordnen und schreiben Sie die Zahlen.

1̶ 4 3 0̶ 2   0 1 _ _ _ _

4 Schreiben Sie die Zahlen.

22113 Hamburg   2 _ _ _ _ Hamburg   10243 Berlin   _ _ _ _ _ Berlin

1034 Wien   _ _ _ _ Wien   4341 Arbing   _ _ _ _ Arbing

3014 Bern   _ _ _ _ Bern   3421 Lyssach   _ _ _ _ Lyssach

1 Schreiben Sie die Zahlen nach.

5 5 _____

6 6 _____

7 7 _____

8 8 _____

9 9 _____

2 Verbinden Sie 5–5, 6–6, 7–7, 8–8, 9–9.

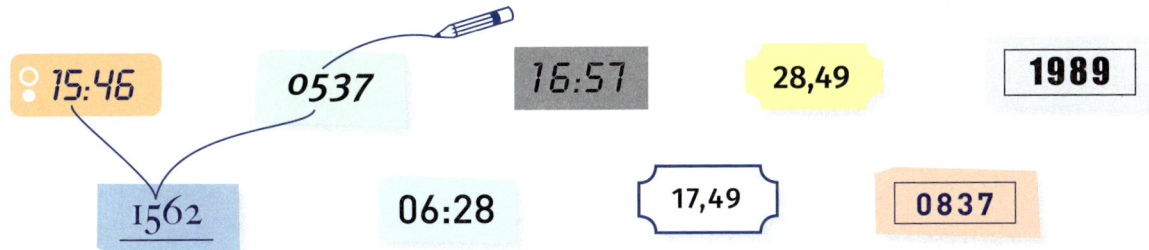

3 Ergänzen Sie die Zahlen.

0 1 2 **3** 4 _ 6 _ 8 _   9 _ 7 _ 5 **4** 3 2 1 0

4 Schreiben Sie die Zahlen.

M NO 7895   M NO **7** _ _ _ _   F AD 6589   F AD _ _ _ _

L 576 KJ   L _ _ _ K J   SB 875 RK   SB _ _ _ RK

ZH · 965 378   ZH _ _ _ _ _ _   GE · 67698   GE _ _ _ _ _

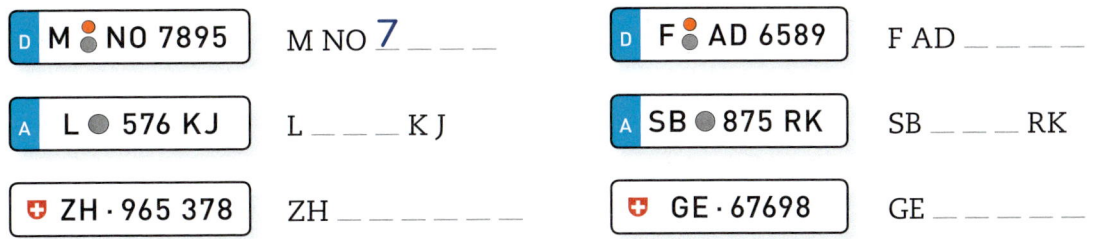

01 Begrüßung

1 Schreiben Sie.

Frau Frau Frau

Herr

Tag

Nacht

Abend

2 Verbinden Sie und schreiben Sie die Wörter.

a Gu   lo   a _____

b Hal   ten   b Hallo

c Mor   gen   c _____

d Wieder   sehen   d _____

3 Finden Sie die Wörter und schreiben Sie.

a hallo|aida

    Hallo, Aida.

b gutenmorgenben

_____

c gutenabendharun

_____

d gutentagherrdawud

_____

e aufwiedersehenfrauhuber

_____

1 Schreiben Sie.

ich	ich 	wir

du		ihr

er		sie

sie		Sie

es	

2 Schreiben Sie.

ich heiße

ich _____

du heißt

_____

er heißt

_____

wir heißen

_____

ihr heißt

_____

sie heißen

_____

3 Was fehlt? Schreiben Sie.

a Ich _heiße_____ Eva. Und du?

b Ich _____ Markus.

c Hallo! Wie _____ ihr?

d Wir _____ Maria und Zarif.

e Wie _____ du?

f Ich _____ Damaris.

g Wie _____ sie?

h Sie _____ Irina.

4 Schreiben Sie die Sätze richtig.

a heißt • Wie • sie • ?   _Wie heißt sie?_____

b wie • Und • du • heißt • ?   _____

c heiße • Zarif • Ich • .   _____

03 Herkunft und Wohnort

1 Schreiben Sie.

ich komme *ich komme* ich komme

du kommst

er/sie/es kommt

wir kommen

ihr kommt

sie/Sie kommen

2 Schreiben Sie richtig.

a ich whone   *ich wohne*

b er thwon   _____

c du hwston   _____

d Sie ohwnen   _____

3 Ordnen Sie zu und schreiben Sie.

Deutschland   Österreich   ~~die~~ Schweiz

a _die_ _____   b _____   c _____

4 Ordnen Sie zu und schreiben Sie.

Wo wohnen   Wo wohnst   Woher kommst   ~~Woher kommt~~

a ▪ _Woher kommt_ _____ er?   ▲ Er kommt aus Afghanistan.

b ▪ _____ Sie?   ▲ Ich wohne in Österreich.

c ▪ _____ du?   ▲ In der Schweiz.

d ▪ _____ du?   ▲ Aus Nigeria.

1 Schreiben Sie.

wie *wie* wie ___   dir ___

gut ___   das ___

leid ___   nicht ___

geht ___   danke ___

2 Finden Sie die Wörter und schreiben Sie.

a wie|gehtesdir

   Wie geht es dir?

b esgehtso

   _____

c nichtsogut

   _____

d sehrgutdanke

   _____

e dastutmirleid

   _____

f auchgutdanke

   _____

3 Ergänzen Sie.

a ■ Wie geht es _Ihnen_ , Frau Petrowa?

   ● _____ gut, danke. Und Ihnen, Herr Müller?

   ■ _____ gut, danke.

b ● Hallo, Fatima! Wie _____ ?

   ◆ Es _____ so.

c ■ Wie geht es dir, Maria?

   ▲ _____ so gut.

   ■ Das _____ .

05 Zahlen 0–20

1 Schreiben Sie.

null null ~~null~~	fünf
eins	sechs
zwei	sieben
drei	acht
vier	neun

2 Finden Sie die Zahlen und schreiben Sie.

zwei|viersechsachtzehnzwölfvierzehnsechzehnachtzehnzwanzig

a __2__ , ___ , ___ , ___ , _____ , _____ , _____ , _____ , _____ , _____

eins|dreifünfsiebenneunelfdreizehnfünfzehnsiebzehnneunzehn

b __1__ , ___ , ___ , ___ , ___ , _____ , _____ , _____ , _____ , _____

3 Schreiben Sie und rechnen Sie.

a __vier__ + _____ + _____ = __zwölf__

b _____ + _____ + _____ = _____

4 Ordnen Sie zu und schreiben Sie.

| leider nicht richtig | Siebzehn | ~~Wie~~ viel |

a

■ Wie viel ist zwölf plus fünf?

● _____ .

■ Ja, richtig.

b

● __Wie_____ ist achtzehn minus sechs?

■ Elf.

● Nein, _____ .

1 Schreiben Sie.

hundert hundert hundert

tausend

Entschuldigung

Telefonnummer

2 Schreiben Sie.

a vierundsiebzig   74

b zweiunddreißig   ____

c achtundachtzig   ____

d neunundfünfzig   ____

e (ein)hundertneun   ____

f fünfhundertzehn   ____

g achthundertachtzig   ____

h zweitausendsechzehn   ____

3 Was ist richtig? Schreiben Sie.

a zweiundvierzig / (vierundzwanzig)

   vierundzwanzig

b sechsundfünfzig / fünfundsechzig

   _____

c einhundertachtundsiebzig / einhundertsiebenundachtzig

   _____

4 Schreiben Sie einen Dialog.

0171 58 36 555.   0171 58 36 555.   Danke.   Entschuldigung, wie bitte?
~~Wie ist~~ Ihre Telefonnummer?

• Wie ist _____

▪ _____

• _____

▪ _____

• _____

07 Uhrzeit

1 Schreiben Sie.

vor vor *vor*	halb
viel	nach
Uhr	sehr
spät	Viertel

2 Was ist richtig? Markieren Sie und schreiben Sie.

 a (Viertel vor neun) / Viertel vor acht

Viertel vor neun

 b halb zwölf / halb elf

 c fünf vor acht / fünf vor neun

 d Viertel nach sieben / Viertel vor acht

 e sieben vor halb zehn / sieben vor halb elf

3 Schreiben Sie.

| es | es | ist | ist | sehr | spät | Uhr | ~~viel~~ | Vielen | Wie | ~~Wie~~ |

a

■ _Wie_ _____ _____ _____ ?

● Zehn vor elf.

■ Danke _____ .

b

◆ _____ _viel_ _____ _____ ?

▲ Fünf nach halb sechs.

◆ _____ Dank.

1 Ordnen Sie zu und schreiben Sie.

Bruder   ~~Frau~~   ~~Mann~~   Mutter   Schwester   Sohn   Tochter   Vater

Frau,

Mann,

2 Verbinden Sie und schreiben Sie fünf Fragen und Antworten.

1 Hast du Brüder?
2 Haben Sie Kinder?
3 Habt ihr eine Tochter?
4 Ali, bist du verheiratet?
5 Frau Ende, sind Sie verheiratet?

a Nein, ich bin ledig.
b Ja, wir haben zwei Töchter.
c Nein, wir haben einen Sohn.
d Ja. Das ist mein Mann Markus.
e Nein, ich habe keine Geschwister.

1 ● Hast

■ _____

2 ▲ Haben

◆ _____

3 ● Habt

■ _____

4 ● Ali, bist du verheiratet?

■ _____

5 ▲ Frau Ende,

◆ _____

3 Ordnen Sie zu und schreiben Sie.

~~habe~~   Haben   haben   Hast   hat   hat

a Ich __habe__ einen Sohn.

b Er _____ eine Schwester.

c _____ Sie Kinder?

d Anna _____ zwei Töchter.

e Wir _____ keine Kinder.

f _____ du Geschwister?

09 Beruf

1 Schreiben Sie.

Lehrerin Lehrerin Lehrerin

Mechaniker

Bauarbeiter

Altenpflegerin

2 Finden Sie 5 Berufe.

Ä	K	Ö	C	H	I	N	Q	P
R	Y	K	E	L	L	N	E	R
Z	B	M	R	X	V	T	C	A
T	F	R	I	S	E	U	R	H
I	N	G	E	N	I	E	U	R
N	S	L	J	K	E	N	D	G

Ärztin

Kö

_____

_____

_____

3 Schreiben Sie.

du   er / sie / es   ich   ihr   sie / Sie   wir

a   bin → _ich bin_____

b   bist → _____

c   ist → _____

d   sind → _____

e   seid → _____

f   sind → _____

4 Ergänzen Sie.

Mahmud, Krankenpfleger

Maria, Ingenieurin

■ Mahmud, was bist du von Beruf?

● _Ich bin_____. Und du, Maria?

■ _____.

Wochentage und Monate 10

1 Schreiben Sie.

der erste der erste der erste

der dritte

der siebte

2 Ordnen Sie und schreiben Sie.

~~Dienstag~~ Donnerstag Freitag Mittwoch ~~Montag~~ Samstag Sonntag

Montag   Di _____   _____

_____   _____   _____

3 Verbinden Sie und schreiben Sie.

a	Ju	li	a	Juni _____
b	Ju	ni	b	_____
c	Au	tober	c	_____
d	Sep	gust	d	_____
e	Ok	tember	e	_____
f	No	zember	f	_____
g	De	vember	g	_____

4 Welche Monate fehlen in Übung 3? Schreiben Sie.

1 _____   3 März _____   5 _____

2 _____   4 _____

5 Schreiben Sie die Sätze richtig.

a heute • welcher • ist • Tag • ?   Welcher _____

b 23. • heute • der • ist • März • .   _____

c hast • Geburtstag • du • wann • ?   _____

d November • zwölften • am • .   _____

11 Tagesablauf

1 Schreiben Sie.

ich lerne ich lerne ich lerne

ich gehe

ich spiele

ich schreibe

2 Was ist richtig? Schreiben Sie.

a ich le... te / se   ich lese

b ich du... che / sche   _____

c ich pu... tze / ne   _____

d ich früh... stücke / iere   _____

3 Finden Sie 5 Wörter und schreiben Sie.

A	bend	gen	Mit	~~mit~~	mit	Mor	Nach	~~tag~~	tag	tag	~~Vor~~

a _____   d _____

b **Vormittag**   e _____

c _____

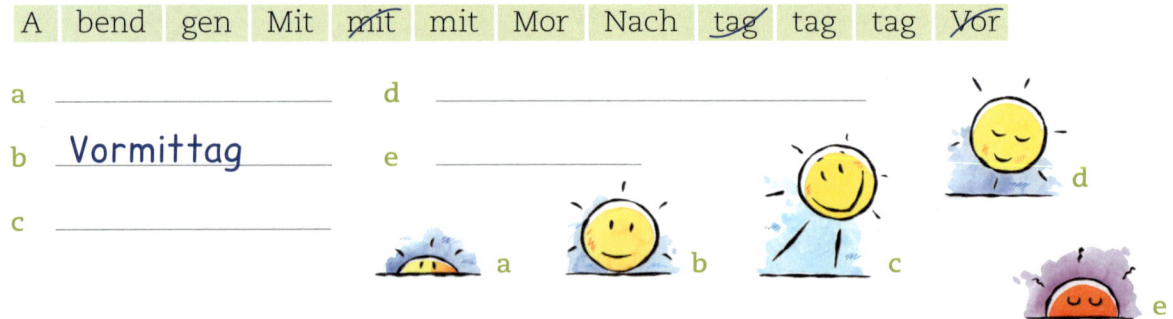

4 Finden Sie die Wörter und schreiben Sie.

a Ich|lerneheuteDeutsch.

    Ich lerne _____

b WasmachenSiemorgen?

    _____

c WasmachstduheuteAbend?

    _____

d Ichtelefoniereundgehespazieren.

    _____

1 Schreiben Sie.

die Füße die Füße die Füße

die Hände

die Zähne

2 Schreiben Sie die Wörter richtig.

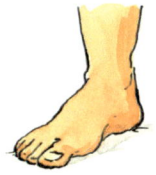 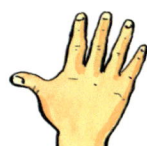   

a ßuF   b Hnad   c Mdun   d Zhna   e Nesa

Fuß _____   _____   _____   _____   _____

3 Verbinden Sie und schreiben Sie.

Arm   Finger   Kopf   Bein   Hand

der   Hals   die   das   Knie

Rücken   Zahn   Bauch   Nase   Ohr   Auge

a der: der Rücken, _____

_____

b die: die _____

c das: das _____

4 Schreiben Sie die Sätze richtig.

a was • das • ist • ?   Was ist das? _____

b fehlt • was • dir • ?   _____

c was • Ihnen • fehlt • ?   _____

d weh • mein • tut • Zahn • .   _____

e Augen • meine • weh • tun • .   _____

13 Beim Arzt

1 Schreiben Sie.

Fieber Fieber Fieber

Schnupfen

Schmerzen

2 Schreiben Sie die Wörter richtig.

a Sable — Salbe

b Torfpen — _____

c Telbatte — _____

d Hutsenfast — _____

3 Wer sagt das? Schreiben Sie die Sätze.

Haben Sie Fieber? Ich bin krank. Ich habe Husten. Mein Hals tut weh.
Nehmen Sie eine Tablette täglich. Was fehlt Ihnen?

a Was fehlt _____

_____

b Ich bin _____

_____

4 Ergänzen Sie.

■ Guten Tag! Ich _bin_ krank.

● Was _____ Ihnen?

■ Ich _____ Husten und mein Hals _____ weh.

● _____ Sie Fieber?

■ Nein.

1 Schreiben Sie.

Käse Käse Käse

Wurst

Fleisch

2 Was ist richtig? Markieren Sie und schreiben Sie.

a Reis / Nudeln
Nudeln

b Fleisch / Fisch

c Tomaten / Äpfel

d Kartoffeln / Eier

e Saft / Bier

f Kaffee / Tee

3 Ordnen Sie zu und schreiben Sie.

Äpfel Bier Brot Kaffee Milch Mineralwasser Orangen Salat Wurst

a essen: Äpfel

b trinken: Bier,

4 Verbinden Sie und schreiben Sie.

a Ich esse   gern Saft.   a _____
b Ich trinke   du gern?   b Ich _____
c Was trinkst   Sie gern?   c _____
d Was essen   gern Bananen.   d _____
e Ich esse kein   Schweinefleisch.   e _____

15   Am Tisch

1   Schreiben Sie.

Tasse Tasse Tasse

Gabel

Messer

Teller

Teelöffel

2   **Finden Sie die Wörter und schreiben Sie.**

dasglasdertellerdasbrotdiegabeldieserviettederlöffeldaswasserdietasse

das Glas,

3   Schreiben Sie.

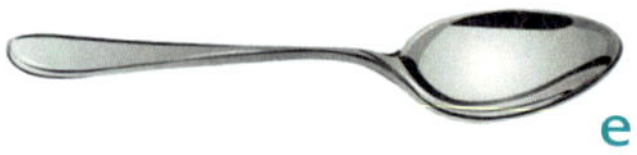

a   Gibst du mir bitte die Gabel?

b

c

d

e   Gibst du mir bitte den Löffel?

der → den

f

1   Schreiben Sie.

Frühling Frühling Frühling

Sommer

Herbst

Winter

2   Was ist richtig? Markieren Sie und schreiben Sie.

a   Es ist heiß. / Es regnet.

 Es regnet.

b   Es ist warm. / Es ist kalt.

_____

c   Es ist windig. / Es schneit.

_____

d   Es ist bewölkt. / Es ist windig.

_____

e   Die Sonne scheint. / Es ist kühl.

_____

3   Wie ist das Wetter? Schreiben Sie.

 a    b    c    d

a   Es schneit und es ist kalt.

b   _____

c   _____

d   _____

17 Kleidung

1 Schreiben Sie.

der Rock der Rock der Rock

die Jacke

das Hemd

der Pullover

2 Was ist richtig? Markieren Sie und schreiben Sie.

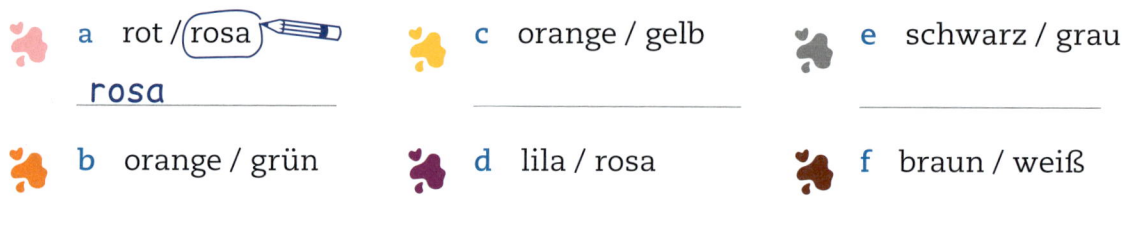

a rot /(rosa)

rosa

b orange / grün

c orange / gelb

d lila / rosa

e schwarz / grau

f braun / weiß

3 Schreiben Sie die Fragen und Antworten.

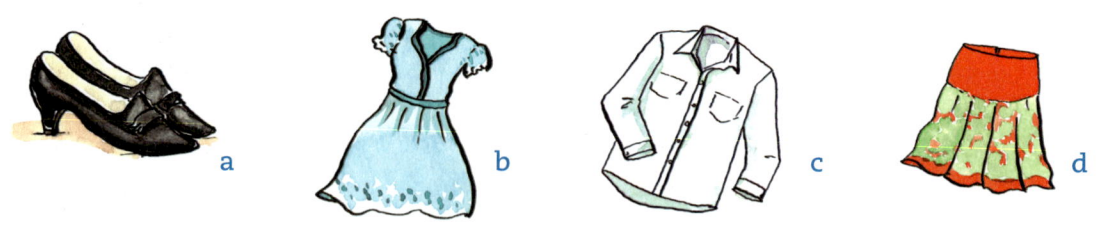

a

b

c

d

a ● Welche Farbe haben die Schuhe?

■ _____ .

b ● _____ hat das Kleid ?

■ _____ .

c ● _____ ?

■ _____ .

d ● _____ ?

■ _____ .

1 Schreiben Sie.

Cola Cola Cola

Eistee

SIM-Karte

Zigaretten

2 Ergänzen Sie: kostet (1) oder kosten (2, 3, ...)?

a Was ___kosten___ die Äpfel?   c Was _____ der Schirm?

b Was _____ der Eistee?   d Was _____ die Zigaretten?

3 Schreiben Sie die Sätze richtig.

a etwas • noch • Sonst • ?

___Sonst noch___

b hätte • Ich • ein • Brot • gern • .

_____

c fünfzig • Das • macht • Cent • .

_____

d danke, • das • Nein • alles • ist • .

_____

4 Schreiben Sie einen Dialog.

Das macht einen Euro zehn.   Guten Tag. Ich hätte gern ein Wasser.
Hier, bitte. Sonst noch etwas?   Nein, danke.

▲ Guten Tag.

● _____

▲ _____

● _____

19 Wohnen

1 Schreiben Sie.

das Sofa das Sofa das Sofa

das Bett

der Tisch

der Herd

2 Ordnen Sie zu und schreiben Sie.

das Bad | die Küche | die Toilette | das Wohnzimmer

 a  b  c  d

a das Bad   c _____

b _____   d _____

3 Was ist das? Schreiben Sie.

a der Ti_____   b die _____   c das _____

4 Schreiben Sie einen Dialog.

Das Bad. | Die Dusche. | Nein, leider nicht.
Richtig. | Wie heißt das auf Deutsch?

● Wie _____

■ _____

● _____

■ _____

● _____

Freizeitaktivitäten 20

1 Schreiben Sie.

hören **hören** hören

joggen

schwimmen

2 Verbinden Sie und schreiben Sie.

a Rad   lesen   a _____

b Musik   hören   b _____

c Bücher   gehen   c _Bücher lesen_____

d ins Kino   fahren   d _____

e Basketball   spielen   e _____

3 Ordnen Sie zu und schreiben Sie.

chatten   gehen   gehen   spielen

a ins Kino _gehen_____   c ins Fitnessstudio _____

b mit Freunden _____   d mit meinen Kindern _____

4 Ergänzen Sie die Gespräche.

1   2   3   4   5

a ● Was machst du in deiner Freizeit?

    ■ _____ _____ (1). Und du?

    ● _Musik_ _hören_ (2) und _____ (3).

b ▲ Was _____ du in deiner _____?

    ◆ Schwimmen und _____ (4). Und du?

    ▲ Fernsehen und _____ _____ _____ (5).

21 Verkehrsmittel

1 Schreiben Sie.

der Bus der Bus

das Taxi

das Auto

zu Fuß

2 Was ist das? Schreiben Sie.

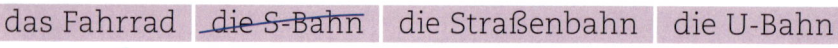

das Fahrrad   die S-Bahn   die Straßenbahn   die U-Bahn

a   die S-Bahn

b   _____

c   _____

d   _____

 d

  a

 b

 c

3 Ergänzen Sie.

a   Nehmen Sie die U-Bahn .

b   Gehen Sie _____ _____.

c   Nehmen Sie _____ _____.

 a

 b

 c

4 Schreiben Sie die Sätze richtig.

a   die • Nehmen • S-Bahn • Sie • .   Nehmen Sie die S-Bahn.

b   Bus • Nehmen • den • Sie • .   Nehmen

c   Sie • Fuß • zu • Gehen • .   _____

d   Sie • ein • Nehmen • Taxi • .   _____

e   Zentrum • Wie • ich • komme • ins • ?

_____

1 Schreiben Sie.

links links links

rechts

geradeaus

2 Schreiben Sie die Wörter richtig.

a Kihrce

Kirche

b Beckärie

_____

c Bohnahf

_____

d Raushat

_____

e Spaitplelz

_____

f Athepoke

_____

3 Verbinden Sie und schreiben Sie.

a Wo ist der   Café?
b Wo ist das   Bank?
c Wo ist hier ein   Rathaus?
d Wo ist hier eine   Bahnhof?

a _____
b _____
c _Wo ist hier ein Café?_
d _____

4 Schreiben Sie die Sätze richtig.

a ● Entschuldigung. Wo ist hier ein Supermarkt?

  ■ geradeaus · Sie · Gehen · .

  Gehen _____

b ▲ hier · ein · Entschuldigung · ist · Wo · Spielplatz · . · ?

_____

_____

  ◆ Gehen Sie links und dann rechts.

1 Alphabet. Ergänzen Sie die Buchstaben.

K k

A a B __ C c D __ __ e __ f G g H __

I __ __ j K __ __ l M __ __ n O __

__ p Qu __ __ r S __ T t __ u V __

U u

__ w X __ __ y __ z Ä __ __ ö __ ü ß

2 Ergänzen Sie und finden Sie das Wort.

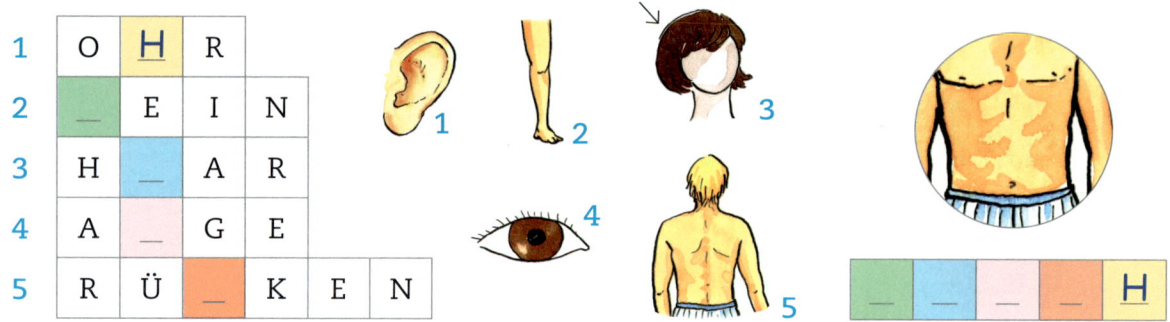

1	O	**H**	R		
2	__	E	I	N	
3	H	__	A	R	
4	A	__	G	E	
5	R	Ü	__	K	E N

__	__	__	__	H

3 Verbinden Sie und schreiben Sie.

a F ——————— ber   a Fieber

b D   nstag   b _____

c W   dersehen   c _____

ie

d Fr   tag   d _____

e sp   len   e _____

f schr   ben   f _____

ei

g spaz   ren   g _____

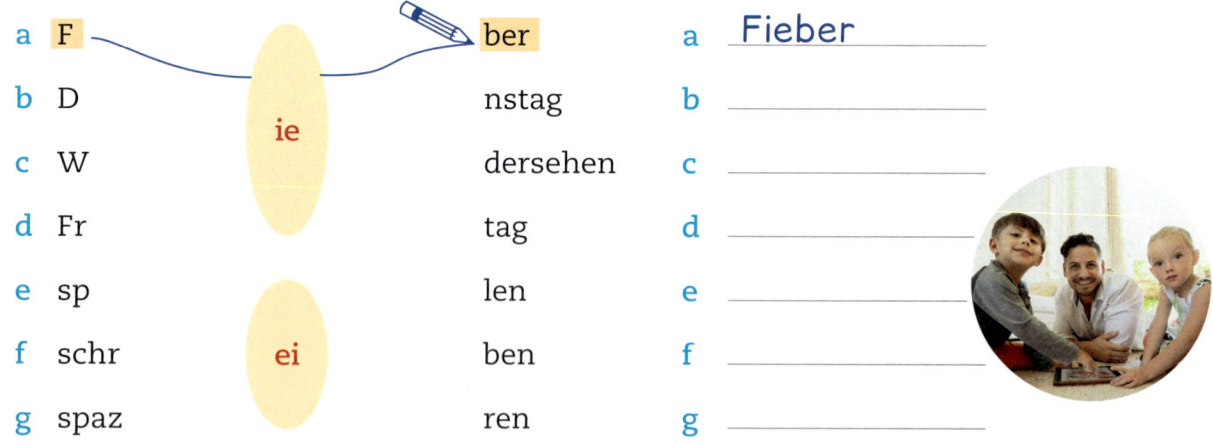

4 Schreiben Sie die Wörter richtig. Markieren Sie h.

a   b   c   d   e   f

a Urh Uhr   d Farhrda _____

b Zanh _____ e Bhanfoh _____

c Schehu _____ f Lerhrein _____

5 Ergänzen Sie *ä*, *ö* oder *ü* und schreiben Sie.

a fü nf   __fünf__   f zw___lf   _____

b sp___t _____   g h___ren _____

c gr___n _____   h Z___hne _____

d M___rz _____   i T___chter _____

e F___ße _____   j B___ckerei _____

ä ö ü

6 Schreiben Sie die Wörter fertig. Achtung: *ch* oder *ck*?

a K ü c h e   b R _ _ _ _ _   c M _ _ _ _ _ _   d J _ _ _ _ _ _

7 Finden Sie 12 Wörter. Ordnen Sie zu und schreiben Sie.

käsetischhosesofarockwurstjackeregalfischjeanssalatbett

a   b   c

a Möbel: _____

b Kleidung: _____

c Lebensmittel: __Käse,_____

8 Verbinden Sie und schreiben Sie.

a Alten ——— bahn   a __Altenpfleger_____

b Basket ——— pfleger   b _____

c Wohn   fahrer   c _____

d Taxi   ball   d _____

e Telefon   wasser   e _____

f Mineral   zimmer   f _____

g Kranken   nummer   g _____

h Straßen   schwester   h _____

9 Finden Sie 8 Wörter. Ordnen Sie zu und schreiben Sie.

PyxsMontagäzqxDienstagmnluMittagüqyzVormittagYjkzDonnerstag
rOxsüAbendQztyllyqöNachmittagBtjeüzSonntagmaJuzks

a Woche: 6

1 Montag

Montag, _____

b

Mittag, _____

10 Ordnen Sie zu und schreiben Sie.

Vater   Friseur   ~~Mutter~~

Ärztin   Sohn   Köchin

Tochter   **Bauarbeiter**

Familie: Mutter, _____

_____

Beruf: _____

_____

11 Was ist richtig? Markieren Sie und schreiben Sie.

a (ist / sind / bin)   Heute _ist_ Montag.

b (bist / ist / sind)   Was _____ Sie von Beruf?

c (heißt / heißen / heiße)   Wie _____ du?

d (haben / hast / habt)   Wir _____ keine Kinder.

e (wohnst / wohne / wohnen)   Ich _____ in Berlin.

f (komme / kommen / kommst)   Woher _____ Sie?

12 Verbinden Sie und schreiben Sie.

a Tag	Frau	a Tag — Nacht
b bitte	Nacht	b _____
c ledig	danke	c _____
d hallo	tschüs	d _____
e heute	morgen	e _____
f Herr	Bruder	f _____
g Schwester	verheiratet	g _____

13 Ordnen Sie zu und schreiben Sie die Wörter.

B̶e̶i̶n̶ Bett B̶l̶u̶s̶e̶ Dusche F̶u̶ß̶ Gabel Hose Knie Küche Löffel
Messer Nase Pullover Regal Rock Teller Teppich T-Shirt

der	die	das
Fuß	Bluse	Bein

14 Was ist richtig? Markieren Sie und schreiben Sie.

a Gute …! (acht / Nacht) Gute Nacht!

b Ich … Kellner. (in / bin)

c Das … mir leid. (tut / gut)

d Mein … tut weh. (Bauch / auch)

e Ich esse gern … (Fisch / Tisch)

15 Schreiben Sie.

a Das Sofa ist grün. Nein, das Sofa ist rot.

b Das Hemd ist lila.

c Das Auto ist grau.

d Die Lampe ist rosa.

e Der Pullover ist orange.

f Die Schuhe sind braun.

16 Schreiben Sie die Sätze richtig.

a gern • Ich • trinke • Tee • .   _Ich trinke gern Tee._

b esse • Ich • gern • Äpfel • .   _____

c Bücher • gern • Ich • lese • .   _____

d spiele • gern • Ich • Fußball • .   _____

17 Schreiben Sie.

Wo ist der Bahnhof?   Entschuldigung. Noch einmal bitte.
Entschuldigung, wie komme ich ins Zentrum?

a ● _Entschuldigung, wie_ _____
  ▲ Nehmen Sie die U-Bahn.

b ◆ _____
  ■ Gehen Sie rechts und dann links.

  ◆ _____
  ■ Gehen Sie rechts und dann links.

18 Schreiben Sie die Fragen richtig.

a Sie • ledig • Sind • ?   _Sind Sie ledig?_

b verheiratet • du • Bist • ?   _____

c Ihnen • Was • fehlt • ?   _____

19 Was ist richtig? Markieren Sie und schreiben Sie.

a ● Wie geht es Ihnen?
  ■ ○ Tut mir leid.
    ⊗ Danke, sehr gut.

  ● _Wie geht es Ihnen?_
  ■ _Danke,_ _____

b ● Haben Sie Kinder?
  ■ ○ Ja, zwei Töchter.
    ○ Sie kommen aus Syrien.

  ● _____
  ■ _____

c ● Was machst du?
  ■ ○ Ich lerne Deutsch.
    ○ Es ist Viertel vor acht.

  ● _____
  ■ _____

d ● Was isst du gern?
  ■ ○ Fernsehen.
    ○ Bananen.

  ● _____
  ■ _____

20 Ordnen Sie zu und schreiben Sie.

~~Ich~~ koche.   Ich lese.   Ich stehe auf.

 a    b    c

Ich _____   _____   _____

21 Ordnen Sie zu und schreiben Sie die Fragen.

~~Was fehlt dir?~~   Was kostet das?   Wie geht es dir?   Wie ist das Wetter?

a   **Was fehlt dir?** _____   c _____
Mein Zahn tut weh.   Zwanzig Euro.

b _____   d _____
Nicht so gut.   Es ist kalt und windig.

22 Finden Sie 4 Fragen und schreiben Sie.

WieheißenSie|WowohnenSieWassindSievonBerufWannhabenSieGeburtstag

a   **Wie heißen Sie?** _____

b   _____

c   _____

d   _____

23 Schreiben Sie.

a ● **Was isst du gern?**

　　▲ Ich esse gern Wurst. Und du?

　　● **Ich esse** _____ .

b ■ _____ .

　　◆ Ich trinke gern Tee. Und du?

　　■ _____ .

24 Schreiben Sie den Dialog richtig.

◯ ● Hier, bitte.
② ■ Sonst noch etwas?
◯ ■ Das macht sechs Euro fünfzig.
◯ ● Ja, einen Salat, bitte. Das ist alles.
① ● Guten Tag. Ich hätte gern einen Kaffee.

● Guten Tag. Ich _____

■ _____

● _____

■ _____

● _____

25 Schreiben Sie zwei Dialoge.

Hallo, Bernd! Wie geht es dir?

Vielen Dank.

Danke, sehr gut. Und dir?

Auch gut, danke.

Hallo, Michael!

Nehmen Sie die U-Bahn.

Entschuldigung, wie komme ich am besten ins Zentrum?

a ● Hallo, Michael! _____

■ _____

● _____

■ _____

b ◆ _____

_____

▲ _____

◆ _____